LE

CABINET

DE

LAMPSAQUE.

LE
CABINET
DE
LAMPSAQUE,

OU

Choix d'Épigrammes érotiques des plus célebres Poëtes François.

TOME SECOND.

A PAPHOS.

1784.

L I I.

Brulé du feu de la concupifcence,
Frere Thibault vint trouver fon Gardien.
Jeûnez, mon fils, lui dit fa Révérence.
Thibault jeûna, le jeûne n'y fit rien.
Lors derechef Thibault fe plaint : Eh bien !
Joignez au jeûne & difcipline & haire,
Dit le vieillard ; mais las ! le pauvre here,
Sentit fa chair encor plus regimber.
Vertu de froc ! fuccombez-y donc, Frere,
Tant que d'un an n'y puiffiez retomber.

L I I I.

Lise en son lit luttoit contre la parque ;
La Faculté la laissoit sans espoir :
L'Epoux voulut lui donner une marque,
Même en mourant, du conjugal devoir.
Lise revient. Surpris de la revoir,
Son Médecin dit : quel est ce mystere ?
Quelle recette ? Ah ! que j'ai de regret,
Reprit l'Epoux, quand je perdis mon pere,
De n'avoir pas employé ce secret.

L I V.

Au jeu d'amour une gente Donzelle
Voulut induire un Cavalier Romain :
L'Ultramontain, à fon culte fidele,
La refufoit, & même avec dédain ;
Quand, pour lui plaire, elle tourna foudain
Ce qu'à Jupin Ganimede réferve.
Mais dans fon goût, malgré l'offre, affermi,
Me fourrer là ? dit-il, Dieu m'en préferve :
Je logerois trop près de l'ennemi.

L V.

Masqué du froc d'un enfant d'Elifée.
Damon preffoit fœur Alix ; & d'abord
Par cet habit la belle humanifée
Avec Damon fut aifément d'accord.
Lui pour l'honneur du froc fit maint effort ;
Mais fix exploits mirent bas le Gendarme.
Quoi ! dit Alix , cet homme-ci s'endort
Après fix coups ? Ah ! chien, tu n'es pas Carme.

LVI.

Un Grenadier s'accusoit à confesse
D'avoir forcé le lit de son hôtesse,
Par droit d'étape, au nez de son cocu,
Dont peu content fut-il, mais bien battu.
Combien de fois fites-vous cette affaire ?
Dit le Béat ; car il faut les compter.
Combien ? reprit le Soudart : oh, mon pere
Je ne suis pas ici pour me vanter.

L V I I.

CERTAIN François , habitant de Florence ,
Se confessoit du péché de la chair
A Pere Isaac , qui lui dit : parlez clair ,
Le cas est-il de Toscane ou de France ?
Expliquez-vous , le point est important.
Peu m'en souvient, dit l'autre en hésitant ;
De nuit le tout se fit à l'aventure.
Le Confesseur trouvant la chose obscure ,
Cela , dit-il , faisoit-il *ric* ou *rac ?*
Ric , répondit le Penitent sincere.
Parbieu le cas , reprit le bon Isaac ,
Est donc Toscan ; n'en doutez pas , Compere.

LVIII.

EN rendez-vous avec Donzelle vive
Pour confommer une affaire de cœur,
Paul excitoit fa nature tardive :
Life au filet l'accufoit de froideur,
Mais lui feignant un excès de roideur,
Pour gagner tems mettoit de la falive ;
Ce que voyant la Ribaude naïve,
Dit : tu nous fais à tous deux trop d'honneur.

P

LIX.

Un Catalan subtil, s'il en fut onc,
Se confessoit d'avoir fait sa conquête
D'un Léopard. Eh comment fis-tu donc ?
Dit le Frater. Parbleu je mis la bête
Dans une tonne, & là je lui fis fête,
Tirant sa queue à travers le bondon.
Homme de bien, lui dit Frere Fredon ,
Tu m'aprends là chose très-profitable :
Car l'autre jour, exigeant pareil don,
Un simple chat me fit un mal de Diable.

L X.

Un beau Chartreux, Moine Napolitain,
Fut pris fondant son Prieur Dom Jerôme,
Et fut conduit au Métropolitain,
Çà, votre nom, dit l'Evêque ? Dom Côme.
Votre péché, quel est-il ? De Sodome.
Votre âge, quel ? Il est de vingt-huit ans.
Moine de quand ? Dès mon plus jeune tems.
Dans le couvent qu'êtes-vous ? Econome.
Hom ! dit alors l'Evêque entre ses dents,
Bien payerois un pareil Majordome.

L X I.

Au lit de mort une vieille à confeffe,
Qui cinquante ans fous Vénus travailla ,
A Bourdaloue exageroit fans ceffe
Les doux plaifirs dont Amour la combla.
Oh ! çà , lui dit l'enfant de Loyola ,
Songez à Dieu. Je le voudrois dit-elle ;
Mais j'ai toujours un B..... de V.. là
Même en mourant, qui me f.... la cervelle,

L X II.

Astrée un jour s'enquit du Médecin,
Quel tems étoit à l'amour plus propice :
L'ebat , dit-il , au matin est plus sain ;
Mais vers le soir il a plus de délice.
Doctrine sure ! Oracle accrédité !
Depuis ce tems la réguliere Astrée
Chaque matin le fait pour la santé ,
Pour le plaisir le fait chaque soirée.

Q

LXIII.

Nonain Ferlue , & Frere Roidimet
S'escarmouchoient de la belle maniere :
Comme un verrat le bon Frere écumoit ;
La bonne Sœur s'escrimoit du derriere :
Mais quand venoit à l'extase derniere ,
Comme un payen le frappart blasphémoit.
Ah ! quel péché ! dit lors la mijaurée ,
Tels juremens vous damneront : helas !
Dieu permet bien que prenions nos ébats ;
Mais pour guérir mon ame timorée ,
Frere très-cher , pour Dieu , ne jurez pas.

LXIV.

CERTAIN Mazet, grand faiseur de neuvaines,
Contoit son cas aux pieds d'un Franciscain ;
Puis quand il eut nombré quelques fredaines,
Il s'accusa qu'une jeune Nonain
L'avoit prié de l'amoureuse affaire.
Le fîtes-vous ? Nenni, de par Saint Pierre,
Onc je ne fus souillé de tels forfaits.
Dieu d'Israël ! dit le Révérend Pere,
Conduis un peu tel gibier dans mes rets,
Et tu verras si je n'ose le faire !

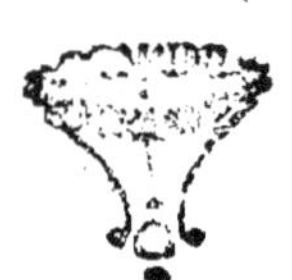

L X V.

Le Frere Luc ayant mis bas biſſac,
Froc & manteau pour Dame Basdebec,
Bien l'exploitoit au fond d'un cul de ſac ;
Main ſur teton, œil contre œil, langue en bec :
Puis tout à coup, Luc, d'un goût un peu Grec,
La vire droit, fiche où ſavez ſon pic.
Pour l'en ôter, ſifflant comme un aſpic,
La Dame alloit & de taille & d'eſtoc
Se remuant. Sacré froc d'Habacuc !
Trop bien allez, lui dit le Portefroc,
Mieux qu'un Prélat vous traitez Frere Luc.

LXVI.

Au rendez-vous dès le matin donné,
Vint une belle ivre du vin nocturne ;
Dont le Galant se trouvant étonné ,
A la tancer point ne fut taciturne.
Morbleu ! dit-il hauffé sur son cothurne ,
Ce n'est aimer que s'enivrer ainsi :
Le trait est noir. Oh ! Oh ! nous y voici ,
Reprit la Dame : Eh par le grand S. Jacques,
Vous semble-t-il que nous soyons ici
Venus tous deux pour y faire nos Pâques ?

R

LXVII.

CERTAIN Autel de royale fabrique
A pour tableau l'Annonciation.
Voyant la Vierge un vieillard Séraphique
Du feu charnel fentit l'émotion :
Si forte en lui fut la tentation ,
Qu'avec fcandale il quitta le myftere.
Fi ! quelle horreur ! dit un Jéfuite aufterc :
Onc pour tableau tel penfer diffolu
Ne m'aviendra : qu'on allume le cierge ,
Vierge ne crains. Le Béat réfolu ,
Sans rien fentir confidere la Vierge ;
Mais il vit l'Ange , & le voilà pollu.

LXVII

LXVIII.

Robin cherchant aventure charnelle,
Preſſoit au bal tendron de quatorze ans,
Qui ſous l'habit de gente Damoiſelle
Lui dit : calmez ces deſirs violens,
Point ne ferez ici d'exploits galans :
Mâle je ſuis. Robin ne ſe dérange,
Et s'écria, les yeux étincelans,
Ainſi ſoit-il : parbleu je gagne au change.

LXIX.

Un Florentin faifoit fon Cupidon ,
Et s'ebattoit d'un fuiffe du Saint Pere.
Le Barigel , par Sentence févere ,
Le condamna d'aumôner un tefton.
Le condamné cria : c'eft tyrannie ,
Payer vingt fols pour péché fi mignon ?
Beau jufticier , fommes en Italie ,
En lieu Papal. Payons fans repartie ,
Reprit Dandin : tu l'as bien mérité :
Ton cas n'eft point honnête Sodomie ,
Mais bien péché de beftialité.

L X X.

Vous répondrez , ô corrupteurs de filles,
Difoit en chaire un Docteur véhément,
Vous répondrez de toutes peccadilles
Qu'elles feront avant le Sacrement :
Punis ferez au jour du jugement,
D'avoir au mal femelle façonnée.
La jeune Alix qu'un Amant inconftant
Depuis huit jours avoit abandonnée ,
S'écria : Bon , j'en ferai tant & tant ,
Que du frippon l'ame fera damnée.

LXXI.

Un Maître Carme, exploitant sœur Alix,
Avoit déja défilé jufqu'à fix.
Ah ! c'eft affez : finiffons, lui dit-elle,
On fonne au Chœur : & l'office m'appelle.
Eh ! quoi ! fi vite ? encore un pauvre *Ave* ;
Rien plus, ma Sœur, & puis je me retire.
Qu'un *Ave* ? foit : voyons, je vais le dire :
Çà faites donc, j'y joindrai le *Salve.*

LXXII.

DE continence un Prêtre étant malade,
La Faculté n'eut qu'un mot : *Si coït.*
Une Catin s'offrant à l'accolade,
A quarante ans il dit son *introit,*
Dont aussitôt le célébrant larmoye.
Eh ! quoi ! mignon , dit la fille de joye,
Tu fais si bien , & jà tu t'en repens ?
Eh oui ! mordieu ; mais de par sainte Avoye,
C'est de m'en être abstenu si long-tems.

LXXIII.

La Mariée au faut du lit jafoit
Sur l'inftrument de la paix du ménage,
Et difcourant du marié, difoit :
De fon fétu neuf pouces font l'aunage.
Neuf tout en gros ! quelle honte à fon âge !
Car, entre nous, il a vingt ans & plus ;
Et notre Anon, qui n'a pas davantage
Que dix-huit mois, porte un bon tiers de plus.

LXXIV.

Un moine étoit chez une veuve en pleurs,
Et de son mieux sermonoit la Matrone ;
La Rhétorique ayant semé ses fleurs,
Le tout sans fruit, mon Ribaud vous la prône
A la façon du soldat de Pétrone,
Une, deux, trois, quatre, cinq & six fois,
Rien n'opéra : dont le Moine aux abois,
Sort en donnant telle pleureuse au Diable.
Chacun s'enquiert : Eh bien ! Pere Courtois?
Cette femme est, dit-il, inconsolable.

T

LXXVI.

FRERE Conrad, en un reduit bien clos,
Par un matin à gentille Tourière,
En vrai Béat, refait par le repos,
Infinuoit fa cheville ouvriere.
On fonne alors : Ah ! contretems maudit !
Foin de la cloche, & de qui la fondit,
S'écrie Agnès, en doublant la croupiere.
Le pénaillon qui plus fort fe roidit,
Piquant des deux pour fournir fa carriere,
Serre la Sœur, & prêt à faire feu :
Parbleu, dit-il, tu t'étonnes de peu :
Laiffe fonner & répond du derriere.

LXXXVII.

Un Recollet plus chaud que le Véfuve,
De fœur Agnès foulant l'arriere-cuve,
Trop bien favoit employer fon loifir.
Déja trotoit la huitieme accolée ,
Quand le fcrupule , ennemi du plaifir ,
Vint prendre au poil la Nonne défolée ;
Qui lui dit, Pere : Eh ! Dieu qui voit ceci ,
De tel péché nous fera-t-il merci ?
Telle raifon ne doit troubler la fête ,
Dit le Pater : à quoi bon ce fouci ?
N'avons-nous pas toujours la grace prête ?

LXXVIII.

Lucas privoit Alix des droits d'Hymen
Depuis huit jours , quand la chaleur extrême
Fit qu'en dormant elle étendit sa main ,
Qui par hazard tomba sur l'endroit même
Dont la sevroit cet Epoux inhumain.
Dans ce moment vous jugez bien peut-être
Qu'au seul toucher la bête s'éveilla.
Pauvre Animal ! s'écria-t-elle , il a
Du naturel cent fois plus que son maître.

V

LXXIX.

Un petit Maître étoit fort amoureux ,
Depuis six mois , de la jeune Angelique :
Il étoit riche , & l'on souffroit ses feux ;
Mais à la fin, si faut-il qu'on s'explique.
Vint un beau jour que le Pere lui dit ·
Beaucoup d'honneur vous faites à ma fille :
Mais sur quel pied , demande la famille ,
La voyez-vous ? Moi ? sur le pied du lit.

LXXX.

Un Mousquetaire aux pieds d'un vieux Billete
Son cas joyeux déduisoit clair est net.
J'ai, disoit - il, avec un tendre objet,
Depuis long-tems une intrigue secrete :
Ce n'est le tout. *Item* je suit sujet.....
A quoi, voyons ?.. A le faire en levrette.
D'où vient cela, reprit Pere Seguin ?
C'est que j'y trouve un pouce au moins de gain,
Ah ! mon enfant, dit le saint personnage,
Pour ton salut reviens à l'avant-main :
L'esprit pervers avec ce beau ménage,
M'a fourvoyé cent fois de mon chemin.

L X X X I.

A FRERE Luc, dans un caſtel oiſif,
Le Diable dit, d'un ton impératif :
Bois, ou fornique, ou bien occis ton hôte :
Si n'obéis, je t'étrangle ſans faute ;
Or par bonté je n'en veux qu'un des trois.
Le Moine alors de s'enivrer fit choix ;
Si qu'il advint qu'au fort de ſon ivreſſe,
Le Portefroc vous baiſa la maîtreſſe,
Puis envoya l'Epoux chez ſes ayeux.
Pour moi je donne au Diable à faire mieux.

LXXXII.

Un Orateur plus diftrait que *Ménalque*,
Sans haut-de-chauffe étoit venu plaider
Contre un mari qui ne pouvoit b . . der
Non plus qu'un mort au fond d'un catafalque,
En s'efcrimant l'Avocat fe trouffoit,
Si qu'on voyoit fon Docteur qui pouffoit
Ad mulierem un argument en regle,
Et fiérement levoit fa tête d'aigle.
Son concurrent le voyant en arrêt,
Tout de fon haut cria maître Forêt
Habillez-vous, & cachez votre chofe,
Vous l'avez là dans un bel appareil.
L'autre répond, nous perdrons notre caufe,
Si ta partie en produit un pareil.

X

LXXXIII.

Un Révérend à face guillerette,
Oyoit le cas d'un jeune débauché,
Qui s'accusa que gente Bachelette,
Avoit la nuit entre ses bras couché.
Combien de fois s'est commis le peché ?
'Trois fois sans plus, répond le Camarade.
Comment ? trois fois, dit le Pere fâché,
En une nuit ! vous étiez donc malade.

LXXXIV.

UN Franc-comtois, un Florentin , un Suisse,
Au cabaret , se trouvant un peu gris ,
Vouloient gîter : tous les lits étoient pris ;
N'en restoit qu'un que par tiers on divise.
Au beau milieu le Suisse s'endormit :
Par le Comtois la ruelle fut prise ;
Et poliment le Florentin se mit
A l'autre bord. Or la nuit il arrive.
Par cas fortuit , que le Suisse poussé
Alloit jetter son voisin hors de rive.
Tenez-vous donc, je suis par trop pressé.
Parlez plus bas : ce drôle-ci s'enflamme ,
Et tout rêvant va son petit chemin :
Que vous & moi nous en rirons demain !
Le bon Toscan croit le mettre à sa femme.

LXXXV.

De Pezenas un citoyen fidele
Difoit avoir à jeune jouvencelle
En une nuit donné dix fois l'affaut,
Alix l'oyoit : mon bon Ange , dit-elle !
Je voudrois bien avoir ce qu'il s'en faut.

LXXXXVI.

Deux Gars étoient fur un même paillier,
(L'un Franc-Picard, & l'autre de Provence,)
Qui d'une Agnès, leur commun attelier,
Endoctrinoient tour à tour l'innocence.
Le papier but. Çà, de qui le poupon,
Interrogea le Juge après la mere ?
Hélas ! Monſieur, dit-elle, c'eſt felon :
Moi - même en ſuis en peine la premiere.
Si toutefois j'accouche par devant,
C'eſt au Picard ſans faute qu'eſt l'enfant :
Au Provençal, s'il me vient par derriere.

LXXXVII.

UN Laboureur, des confins de la Bresse,
Paisiblement s'ébattoit d'une Anesse.
On en fit bruit. D'abord le compagnon
Envoye exprès traiter en Avignon
De cette affaire. Au retour de son homme:
Eh bien, dit-il, à combien les pardons?
Nous faudra-t-il, cousin, aller à Rome?
Non, j'ai ton fait pour quatre ducatons,
Reprit l'agent, y compris le voyage :
Et le Légat même, sans tracasser,
Pour environ trois écus davantage
T'auroit, parbleu, permis de l'épouser.

LXXXXVIII.

En tisonnant, Alix, un soir d'hiver,
Vantoit à Jean les hauts faits du vieux Blaise,
A cinquante ans c'est être encor bien verd
D'aller à trois. A trois? dit Jean : Fadaise ;
Je doublerois ; gageons : & qu'il te plaise ;
Argent sur table. Oh ! oh ! va, dit Alix.
Jean sert un, deux, trois, quatre, cinq & six,
Et veut saisir les enjeux sur la planche.
Oui dà? dit-elle : Eh ! là, tout beau, mon fils ,
Tiens, je remets ; allons , va ma revanche.

LXXXXIX.

LE Médecin d'un Ecolier malade
Recommanda qu'on gardât de son eau :
On en serra ; mais la Garde maussade
L'ayant fait cheoir, à son propre tonneau
Vîte en retire , & remplit le vaisseau ,
Le Docteur vient, & dit : ce sont eaux claires .
De femme grosse ; on ne m'y trompe gueres.
La Garde rit : le Docteur se défend.
Lors l'Ecolier : je l'ai bien dit aux Peres
Qu'ils me feroient tôt ou tard un enfant.

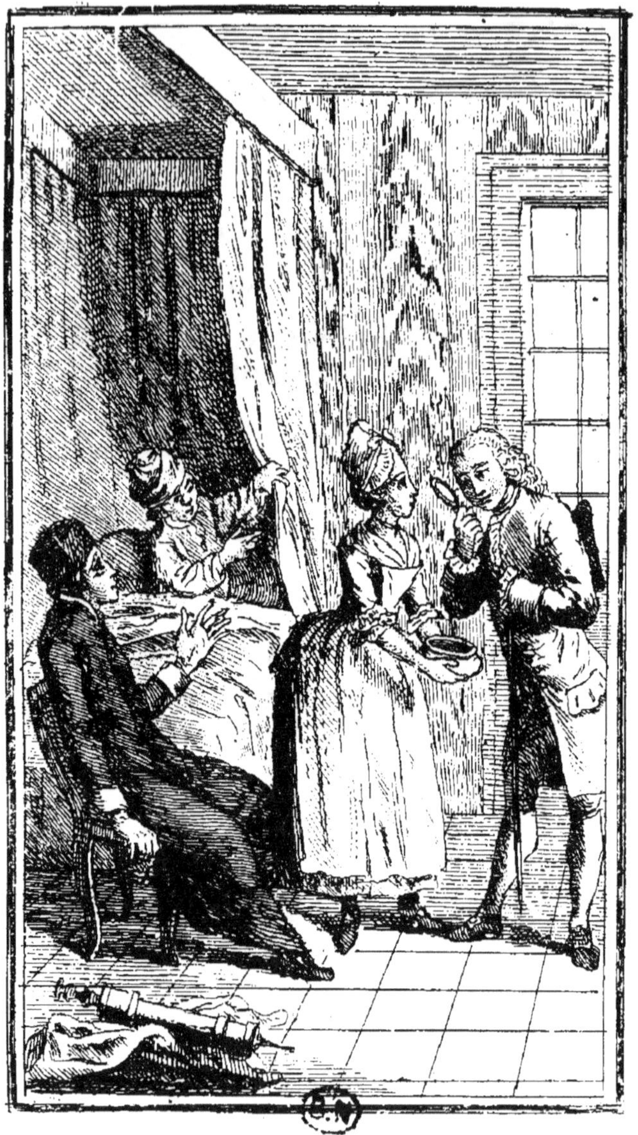

LXXXX.

Un Cordelier gageoit à son hôtesse
Qu'il lui feroit douze fois dans la nuit.
Marché fut fait, & Priape se dresse :
Le Cordelier en comptoit déjà huit.
Huit, se récrie Alix ; ah ! tu m'en passe,
Frere Ribaud, & ce n'est pas bien fait
D'en marquer huit, quand ce n'en est que sept.
Mais je vois bien ; déjà le jeu te lasse,
Et crois par-là ta besogne avancer.
Moi ! vertubieu : tiens, voilà que j'efface
Le tout : allons, c'est à recommencer.

Z

LXXXXI.

Un jour auprès d'un aveugle en priere,
Au coin d'un bois, Jean du malin preſſé,
Mit bas Alix, gentille chambriere,
Et l'exploita ſur le bord d'un foſſé.
L'Aveugle écoute, & d'un ton plus baiſſé,
Va marmotant l'Ave de Notre-Dame.
Ah! je me meurs, dit Alix, qui ſe pâme;
Et moi, dit Jean, jà je ſuis trépaſſé.
Les pauvres gens! Dieu veuille avoir leur ame,
Répond l'Aveugle, & les mettre *in pace.*

LXXXXII.

Un Villageois menoit fur fon grifon
Dame Babet, bourgeoife jeune & drue.
Où menes-tu cette Dame Alifon,
Dit un Soudart qui marchoit en recrue ?
Meffieurs, dit-il, à la troupe bourrue,
Elle eft ma femme. On le va voir : hé bien,
Puifqu'ainfi va, fais-lui donc un Chrétien.
Baftien mon fils, dit la pauvre Babiche,
Mets par auprès. Non ferai, dit Baftien,
Ils me tueront, vertubleu, fi je triche.

LXXXXIII.

MAÎTRE Martin un jour ayant chez foi
La fine fleur de haute pruderie :
Venez , dit-il , Mefdames , fuivez-moi ;
Voyez donner l'avoine, je vous prie ,
A mes Mulets. On va dans l'écurie ;
Et qu'y voit-on ? cent Gaillards arborant
De Priapus l'étendard conquérant.
Ma chere , dit une des Héroïnes
A fa Compagne attentive au plus grand ,
Allons-nous en : car on nous fait des mines.

LXXXXIV.

Un Capucin malade de luxure,
Montroit son cas , de virus infecté ;
Et pour cacher du mal la source impure ,
La rejettoit sur son austérité :
Ah ! disoit-il au suppôt de Saint Côme ,
Voyez un peu , Maître André , voyez comme
Elle me l'a tout du long écorché.
Qui ? Cette robbe. Oui dà , Frere Miché ,
Oh ! votre robbe est donc , sur ma parole ,
Une Putain , & gare la vérole !

LXXXXV.

CHAUD de boiſſon , certain Docteur en Droit
Voulant un jour baiſer ſa chambriere ,
Fourbit très-bien d'abord le bon endroit ;
Puis la virant preſte ſur la croupiere
Se huche. Hélas ! quel taon vous a piqué ?
Serrant le cul , s'écria la Commere ;
Par-là jamais nous n'avons forniqué.
Jamais ? tant pis , allons, laiſſe-moi faire.
Ne ſuis-je pas Docteur *in utroque* ?

LXXXXVI.

L'Ami Paſchal , après cinq ans de ſoins ,
Et menus frais pour certaine Commere ,
Un jour enfin demanda ſon ſalaire :
Et le galant ne requéroit pas moins
Que payé fût au tarif de Cithere.
Je n'en puis tant , dit la Belle à Paſchal :
Non que pour nul je ſois ingrate & fiere ,
Mais le devant eſt tout à ton rival :
Pour l'autre voye , eſt à toi toute entiere.
Lors dit l'Ami : paſſons , il m'eſt égal
Que Paſchal ſoit ou devant ou derriere.

LXXXXVII.

CHEZ un Evêque où dînoit Boismorand ,
Au Dieu *Cunnus* on buvoit à la ronde ,
Et l'on chantoit le lot d'un Dieu si grand.
Boismorand seul le blasonne & le fronde ;
On le renvoye au Prélat qui le gronde.
Eh ! sarpebieu , dit le Prélat fâché ,
Dans cet étang comme vous j'ai pêché.
Mais , Monseigneur , c'est ce qui me désole :
Vous avez pris vous un bon Evêché ,
Et moi je n'ai gagné que la Vérole.

LXXXXVIII.

Des Grenadiers mis à difcrétion
Chez une Veuve, ayant fille jolie,
Après avoir pillé, fait carillon,
Et des tonneaux bû jufques à la lie,
Furent d'avis de tâter du tendron.
La Veuve alors adouciffant le ton,
Leur dit : helas ! c'en eft fait de fa vie,
Elle en mourra, la pauvre Louifon !
Tombe fur moi plutôt votre furie.

LXXXXXIX.

Aprês leur mort où vont les Pucelages ?
En Paradis ? ils tenteroient les Saints.
Defcendent-ils fur les fombres rivages ?
Si bon morceau n'eft pour efprits malins.
En Purgatoire ? Ils l'ont fait dès ce monde.
Deffous les mers ? Ils deffécheroient l'onde.
Où vont-ils donc ? Limbes font leur féjour ;
Des Innocens ces lieux font la patrie :
Quand Pucelage abandonne le jour ,
A peine il fçait ce que c'eft que la vie.

C.

Le *Fait*, le *Droit* qui fur le formulaire
Depuis long-tems partagent les efprits,
Faifoient grand bruit ; & l'on traitoit l'affaire
Avec chaleur, lorfque l'on fut furpris
De voir Ninon terminer la querelle,
Et fur le champ trouver ce tour adroit :
Tant qu'il eft Droit, il n'eft pas Fait, dit-elle ;
Quand il eft Fait, il ceffe d'être Droit.

C I.

Usé du jeu que pratiquoit Socrate,
Un Moliniste aux pieds d’une Béate,
Par maints efforts excitoit au plaifir
Nature lente à fuivre fon défir :
Tant froide étoit qu’encor feroit giffante,
Sans le fecours d’une main bienfaifante.
Ceci, dit lors le Caffard tranfporté,
Ouvre à mes yeux le fecret de la Grace;
La fuffifante auroit parbleu raté,
Si dans ta main n’eût été l’efficace.

F I N.

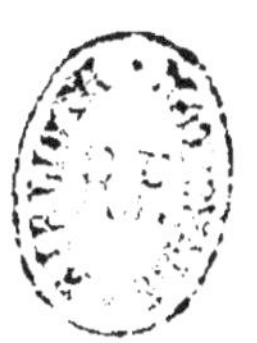

M

www.ingramcontent.com/pod-product-compliance
Lightning Source LLC
LaVergne TN
LVHW011440180726
843503LV00002BA/569